Individuelle Trainingsplanung zur Beweglichkeits- und Koordinationsverbesserung

Kevin Raue

Bibliografische Information der Deutschen Nationalbibliothek:

Die Deutsche Nationalbibliothek verzeichnet diese Publikation in der
Deutschen Nationalbibliografie; detaillierte bibliografische Daten sind
im Internet über http://dnb.d-nb.de abrufbar.

ISBN: 9783346351074
Dieses Buch ist auch als E-Book erhältlich.

Deutsche Hochschule für
Prävention und Gesundheitsmanagement
Hermann Neuberger Sportschule 3
66123 Saarbrücken

Einsendeaufgabe

Fachmodul:	Trainingslehre III
Studiengang:	Bachelor of Arts – Fitnessökonomie
Datum Präsenzphase:	21.12.2020 – 23.12.2020
Name, Vorname:	Raue, Kevin
Studienort:	**Frankfurt a. Main**
Semester:	**WS 2019**

Inhaltsverzeichnis

1 Personendaten

1.1 Allgemeine Daten und allgemeiner Gesundheitszustand

Die allgemeinen Daten und die Daten zum allgemeinen Gesundheitszustand, die im Erstgespräch aufgenommen werden, dienen dazu, um der Testperson einen individualisierten Beweglichkeits- und Koordinationsplan zu erstellen.

Tabelle 1: Allgemeine Daten

Alter	06.03.1982, 38 Jahre
Geschlecht	männlich
Körpergröße	179 cm
Körpergewicht	90 kg
Trainingsmotive	Verbesserung der Beweglichkeit, Verbesserung der koordinativen Fähigkeiten, Rückenschmerzen lindern, Muskelverspannungen (Nacken) reduzieren
Berufliche Tätigkeit	Bürokaufmann (sitzende Tätigkeit)
Aktuelle und frühere sportliche Aktivitäten	Zurzeit keinerlei sportliche Aktivitäten, früher aktiver Fußballer (Torwart, bis vor 8 Jahren, höchste Spielklasse Kreisoberliga, 8. Liga, 2x Training pro Woche)
Zeitlicher Verfügungsrahmen	3x Training pro Woche

Tabelle 2: Allgemeiner Gesundheitszustand

Ärztliche Behandlung	nein
Internistische Erkrankungen	keine
Orthopädische Probleme	keine
Medikamente	keine

Anhand der allgemeinen Personendaten und des allgemeinen Gesundheitszustands lässt sich sagen, dass die Testperson ordentliche Voraussetzungen für ein optimales Training hat. Hinsichtlich der verschiedenen Testverfahren bezgl. der Beweglichkeit darf man gespannt sein wie sich die berufliche Tätigkeit niederschlägt. Für das Koordinationstraining

3

sollten zunächst einfache Übungen ausgewählt werden, da die Testperson über wenig Trainingserfahrung verfügt.

2 Beweglichkeitstestung

Bevor es zur individualisierten Zielsetzung der Testperson kommt, führt man eine Diagnostik der Beweglichkeit durch. Diese Testung wird mit dem Muskelfunktionstest nach Janda (2000) vorgenommen. Dieser besagt, dass bei fünf Muskelgruppen überprüft wird, ob mögliche Muskelschwächen und Beweglichkeitsdefizite vorhanden sind. Alle Testungen werden in liegender Position in Rückenlage auf einer Behandlungsliege durchgeführt. Bei der Testauswertung unterscheidet man in drei verschiedenen Stufen. Die Stufe 0 gibt an, dass eine normale bzw. gute Beweglichkeit mit keinerlei Beweglichkeitsdefiziten vorliegt. Darauf folgt die erste Stufe, welche durch eine leicht eingeschränkte Beweglichkeit mit leichten Beweglichkeitsdefiziten festgelegt ist. Eine stark eingeschränkte Beweglichkeit mit erheblichen Bewegungsdefiziten wird als letzte Stufe charakterisiert (Janda, 2000).

Tabelle 3: Testung M. pectoralis major

Testung	M. pectoralis major
Testausführung	Die Füße werden auf der Liege abgestellt und die Beine angewinkelt, sodass das Becken fixiert ist. Durch leichten Zug wird der Thorax vom Trainer mit der Hand oder dem Unterarm in diagonaler Richtung weg von der zu testenden Seite geführt. Dabei soll das Ellenbogengelenk 90° gebeugt sein, der zu testende Arm ist im Schultergelenk gespreizt und nach außen rotiert. Wichtig bei der Ausführung ist, dass das Becken und die Lendenwirbelsäule stabilisiert sind und sich nicht von der Liege abheben. Der Messbereich wird durch die Position des Oberarms zur Horizontalen bestimmt.

Testauswertung	**Stufe 0**: Der Oberarm erreicht die Horizontale und es gibt somit keine Einschränkungen der Beweglichkeit. **Stufe 1**: Durch den Druck des Trainers erreicht der Oberarm die Horizontale. Es sind somit leichte Bewegungsdefizite vorhanden. **Stufe 2**: Der Oberarm erreicht die Horizontale nicht, trotz des Drucks des Trainers und es zeichnen sich starke Beweglichkeitsdefizite ab.
Ergebnis	Links: Stufe 2 Rechts: Stufe 2

Tabelle 4: Testung M. iliopsoas

Testung	M. iliopsoas
Testausführung	Das Gesäß schließt mit dem Rand am Ende der Liege ab. Auch hier ist es wiederum wichtig, dass das Becken und die Lendenwirbelsäule fixiert sind, sodass sie nicht von der Liege abheben können. Die Testperson winkelt das eine Bein an und zieht dieses maximal an den Körper heran. Das andere Bein hängt weiter über der Liege ab und der Trainer beobachtet die Beugung der Hüfte des freien Beins. Der Winkel der Hüftbeugung ist hierbei entscheidend.
Testauswertung	**Stufe 0**: Der Oberschenkel erreicht die Horizontale und es gibt somit keine Einschränkungen der Beweglichkeit. **Stufe 1**: Durch den Druck des Trainers erreicht der Oberschenkel die Horizontale. Es sind somit leichte Bewegungsdefizite vorhanden. **Stufe 2**: Der Oberschenkel erreicht die Horizontale nicht, trotz des Drucks des Trainers und zeigt somit starke Beweglichkeitsdefizite auf.
Ergebnis	Links: Stufe 2 Rechts: Stufe 2

Tabelle 5: Testung M. rectus femoris

Testung	M. rectus femoris
Testausführung	Auch bei der Testung des M. rectus femoris hängt ein Bein ab und das Gesäß bildet den Abschluss am Rand der Liege. Des Weiteren folgt auch hier ein maximales Anwinkeln des einen Beins in Richtung des Körpers. Das Gegenbein wird im maximal möglichen Hüftstreckungswinkel durch den Trainer fixiert. Im Anschluss folgt eine maximal mögliche Kniebeugung, die durch den Trainer geführt wird. Bei dieser Testung ist der Kniebeugewinkel, der Winkel zwischen Ober- und Unterschenkel entscheidend.
Testauswertung	**Stufe 0**: Der Unterschenkel hängt senkrecht ab und es gibt somit keine Einschränkungen der Beweglichkeit. **Stufe 1**: Durch den Druck des Trainers erreicht der Unterschenkel im Kniegelenk 90°. Es sind somit leichte Bewegungsdefizite vorhanden. **Stufe 2**: Der Unterschenkel im Kniegelenk erreicht 90° nicht, trotz des Drucks des Trainers.
Ergebnis	Links: Stufe 1 Rechts: Stufe 1

Tabelle 6: Testung Mm. Ischiocrurales

Testung	Mm. Ischiocrurales
Testausführung	Das zu testende Bein wird bei durchgestrecktem Kniegelenk durch den Trainer in die maximal mögliche Hüftflexion geführt. Dagegen ist das andere Bein im Hüft- und Kniegelenk gebeugt. Auch bei dieser Testung muss darauf geachtet werden, dass das Becken und die LWS fixiert sind sowie das durchgestreckte Bein auch in dieser Position bleibt und nicht gebeugt wird.
Testauswertung	**Stufe 0**: Die Hüftflexion ist im Ausmaß von 90° möglich und es gibt somit keine Einschränkungen der Beweglichkeit. **Stufe 1**: Es wird lediglich eine Hüftflexion von 80-90° erreicht. Es sind somit leichte Bewegungsdefizite vorhanden. **Stufe 2**: Die Hüftflexion erreicht nur einen Winkel unterhalb der 80°.
Ergebnis	Links: Stufe 1 Rechts: Stufe 1

Tabelle 7: Testung Mm. triceps surae

Testung	Mm. triceps surae
Testausführung	Das zu testende Bein ist durchgestreckt und ragt über den Rand der Unterlage, währenddessen das nicht zu testende Bein, im Kniegelenk angewinkelt, mit dem Fuß auf der Unterlage steht. Der Trainer zieht das Fersenbein zu sich und drückt gleichzeitig mit der anderen Hand den Fuß in Richtung Schienbein. Wichtig hierbei ist, dass der Druck mit dem Daumen am äußeren Fußrand erfolgen sollte. Außerdem ist zu beachten, dass auch der zusätzliche Zug an der Ferse gewährleistet ist.
Testauswertung	**Stufe 0**: Es ist eine Dorsalextension bis 0° möglich und es gibt somit keine Einschränkungen der Beweglichkeit. **Stufe 1**: Die Dorsalextension ist möglich, die 0° werden nicht ganz erreicht. Es sind somit leichte Bewegungsdefizite vorhanden. **Stufe 2**: Die Dorsalextension ist nur bis 10° unter der 0° Stellung möglich und es zeichnen sich starke Beweglichkeitsdefizite ab.
Ergebnis	Links: Stufe 1 Rechts: Stufe 1

Anhand der Testergebnisse lassen sich folgende Schlüsse auf die Beweglichkeit der Testperson ziehen. Durch seine beruflich bedingte sitzende Tätigkeit und die sportliche Inaktivität weist er deutliche Beweglichkeitsdefizite auf.

Vor allem im Bereich des M. pectoralis major und des M. iliopsoas sind starke Beweglichkeitsdefizite zu erkennen. Die Testungen der weiteren drei Muskelgruppen weisen ebenfalls leichte Beweglichkeitsdefizite auf. Generell sollte der Fokus bei der Trainingsplanung auf einem ganzkörperlichen Beweglichkeitstraining mit größerem Schwerpunkt der Brust- und Hüftmuskulatur liegen. Die gesundheitlichen Einschränkungen, die durch die berufliche Tätigkeit und auch die sportliche Inaktivität zu erkennen sind, können durch ein gezieltes und vor allem regelmäßiges Beweglichkeitstraining verbessert werden (Eifler, 2020, S. 32-33).

3 Trainingsplanung Beweglichkeitstraining

Das Belastungsgefüge ist für die Erstellung des Trainingsplans absolut notwendig und lässt sich in der untenstehenden Tabelle ablesen.

Tabelle 8: Belastungsgefüge Beweglichkeitstraining

Trainingshäufigkeit pro Woche	3x pro Woche
Serienanzahl	3 Serien
Dehndauer bei statischer Dehnung	45 Sekunden
Wiederholungsanzahl bei dynamischer Dehnung	15 Wiederholungen
Dehndauer bei postisometrischer Dehnung	60 Sekunden (6-10 Sekunden Kontraktion, 2-3 Sekunden Entspannung)
Dehnintensität	Dehngrenze

Die dargestellten Parameter des Belastungsgefüges werden in der Trainingsplanung nicht noch einmal extra aufgeführt und erwähnt.

3.1 Dehnung der Nackenmuskulatur

Die Dehnung der Nackenmuskulatur zielt auf den M. trapezius descendens (Trapezmuskel oberer bzw. absteigender Anteil) ab und wird in einer aktiven sowie dynamischen Dehnmethode im Stand durchgeführt.

Dabei steht die Testperson aufrecht und in den Knien findet eine leichte Beugung statt. Der Kopf wird zur Seite geneigt, wobei der Blick weiterhin nach vorne gerichtet ist. Wenn der Kopf nach rechts geneigt wird, wird die linke Schulter nach unten gezogen und wieder angehoben, sodass eine aktive dynamische Bewegung stattfindet.

3.2 Dehnung der Schulterblattfixatoren

Bei der Dehnung der Schulterblattfixatoren, welche als Zielmuskulatur den M. trapezius (Trapezmuskel) und die Mm. rhombodei (Rautenmuskeln) haben, wird im Stand mit leicht gebeugten Knien begonnen. Die Arme werden vor dem Körper bis auf Schulterhöhe angehoben, wobei die Hände verschränkt sind und der Kopf leicht gesenkt ist. Die

Schulterblätter werden aktiv nach vorne gezogen und die Schultern leicht abgesenkt. Die Dehnübung wird statisch durchgeführt und für ca. 45 Sekunden gehalten.

3.3 Dehnung der Brustmuskulatur

Die Brustmuskulatur, genauer gesagt der M. pectoralis major (großer Brustmuskel) und der M. deltoideus, pars clavicularis (Deltamuskel, vorderer Anteil) sowie der M. biceps brachii (zweiköpfiger Oberarmmuskel) werden bei der folgenden Dehnung, welche passiv und statisch erfolgt, beansprucht. Dabei wird sich in Schrittstellung parallel zu einer Wand aufgestellt und der Oberarm an diese angelegt. Im Ellenbogengelenk, welches sich auf Höhe der Schulter befindet, findet eine Beugung von ca. 90° (Unterarm zu Oberarm) statt. Der Kopf und der Körper werden entgegen der Kontraktionsrichtung des großen Brustmuskels gedreht.

3.4 Dehnung der seitlichen Rumpfmuskulatur

Die Ausgangsstellung bei der Dehnung für die seitliche Rumpfmuskulatur ist in Rückenlage auf dem Boden oder einer Matte liegend. Die Füße werden auf den Boden abgestellt und maximal an den Körper herangezogen. Im 90° Winkel werden die Arme neben den Kopf positioniert. Die geschlossenen Beine werden nun erst auf die eine und dann auf die andere Seite abgelegt. Dabei ist zu beachten, dass die gegenüberliegende Schulter nicht vom Boden abgehoben wird. Diese Dehnübung wird aktiv und dynamisch durchgeführt, sodass pro Seite 15 Wiederholungen durchgeführt werden. Die Zielmuskulatur sind vor allem der M. latissimus dorsi (breiter Rückenmuskel), der M. obliquus externus abdominis (äußerer schräger Bauchmuskel), der M. obliquus internus abdominis (innerer schräger Bauchmuskel) und in Teilen auch der M. pectoralis major (großer Brustmuskel).

3.5 Dehnung der Hüftbeugemuskulatur

Die Dehnung der Hüftbeugemuskulatur findet bei dieser Übung im Kniestand statt. Dabei werden der M. iliopsoas (Lendendarmbeinmuskel) und M. rectus femoris (gerader Oberschenkelmuskel) gedehnt. Vom Kniestand ausgehend wird ein Fuß vor dem Körper, im Kniegelenk angewinkelt, so aufgestellt, dass das Knie vor dem Fuß positioniert ist. Das hintere Bein kniet und der Unterschenkel wird auf den Boden abgelegt. Nun werden die Hände in die Hüfte gelegt und der Körperschwerpunkt nach vorne verlagert. Dabei ist wichtig, dass das Becken abgesenkt und die Position passiv statisch gehalten wird.

3.6 Dehnung der Adduktoren

Auf dem Boden sitzend wird die Dehnübung der Adduktoren durchgeführt. Bei dieser handelt es sich um eine passive und statische Übung, die darauf abzielt die Muskulatur im Adduktorenbereich zu dehnen. Der M. adductor brevis (kurzer Schenkelanzieher), der M. adductor longus (langer Schenkelanzieher), der M. adductor magnus (großer Schenkelanzieher) und der M. pectineus (Kammmuskel) entsprechen der Zielmuskulatur. Bei der Ausführung ist zu beachten, dass man sich aufrecht auf dem Boden sitzend mit den Armen hinter dem Körper abstützt und die Fußsohlen aneinanderlegt. Die Fersen werden zum Gesäß gezogen und die Oberschenkel in Richtung des Bodens abgesenkt.

3.7 Dehnung der Gesäßmuskulatur

Bei der Dehnübung der Gesäßmuskulatur, die passiv durchgeführt wird, liegt die Testperson in Rückenlage auf dem Boden. Ein Bein wird im 90° Winkel gebeugt und angehoben. Der Fuß bzw. Unterschenkel des anderen Beins wird über das angewinkelte Bein so aufgelegt, dass dieses quer auf dem Oberschenkel aufliegt. Beide Hände umfassen diesen Oberschenkel unterhalb der Kniekehle und ziehen das angewinkelte Bein in Richtung Brust. Durch den Zug, der im Wechsel angezogen und gelockert wird, kommt es zu einer dynamischen Dehnungsform. Die Hauptmuskelgruppen, die hier angesteuert werden, sind der M. glutaeus maximus (großer Gesäßmuskel), der M. glutaeus medius (mittlerer Gesäßmuskel) und der M. glutaeus minimus (kleiner Gesäßmuskel).

3.8 Dehnung der Oberschenkelmuskulatur (Vorderseite)

Die Ausgangsposition dieser Dehnung ist in seitlicher Lage auf dem Boden, sodass beide Beine aufeinander abliegen. Nun wird das eine Bein angewinkelt und mit der Hand oberhalb des Sprunggelenks angefasst und die Ferse in Richtung Gesäß gezogen. Es ist darauf zu achten, dass das Becken nach vorne gekippt wird und die Oberschenkel parallel zueinander verlaufen. Diese Dehnung für die Vorderseite der Oberschenkelmuskulatur wird passiv und statisch durchgeführt. Primär ist der M. quadriceps femoris (vierköpfiger Oberschenkelmuskel) beteiligt.

3.9 Dehnung der Oberschenkelmuskulatur (Rückseite)

Für die Dehnung der ischiocruralen Muskulatur legt man sich in Rückenlage auf den Boden. Ein Bein wird in die Luft gestreckt und die Hände greifen unter den Oberschenkel, während das andere Bein leicht angewinkelt auf dem Boden abliegt. Um eine postisometrische Dehnung durchzuführen wird das, in die Luft gestreckte, Bein aktiv gegen den Widerstand der Hände in Richtung des Bodens gespannt. Diese isometrische Kontraktion wird für ca. 6-10 Sekunden gehalten, um danach mit einer 2-3 sekündlichen Entspannungsphase fortzusetzen. Im Anschluss daran wird die Dehnposition für 10-20 Sekunden eingenommen. Es erfolgt ein Wechselspiel zischen isometrischer Kontraktion und statischer Dehnung für ca. 60 Sekunden. Dabei werden der M. biceps femoris (zweiköpfiger Oberschenkelmuskel), der M. semimembranosus (Plattensehnenmuskel) und der M. semitendinosus (Halbsehnenmuskel) als primäre Muskelgruppen beteiligt.

3.10 Dehnung der Wadenmuskulatur

Um die Dehnung der Wadenmuskulatur durchzuführen, begibt man sich in den Stand und ein Bein wird, mit der Fußsohle auf dem Boden stehend, nach hinten gestreckt. Im Kniegelenk des vorderen Beins findet eine Beugung statt und der Körperschwerpunkt ist leicht nach vorne gebeugt. Es ist darauf zu achten, dass das ausgestreckte Bein mit dem Oberkörper in einer Linie ist. Durch das weitere Vorbeugen des Oberkörpers, kommt es zu einer erhöhten Dorsalextension im hinteren Bein und der M. gastrocnemius (Zwillingswadenmuskel) sowie der M. soleus (Schollenmuskel) werden gedehnt. Die Übung wird passiv und statisch durchgeführt.

3.11 Begründung des Dehnprogramms

Das Dehnprogramm ist so aufgebaut, dass es die, doch zum Teil erheblichen, Beweglichkeitsdefizite der Testperson dauerhaft verbessern soll. Bezüglich des Belastungsgefüges lässt sich sagen, dass die Trainingshäufigkeit dem zeitlichen Verfügungsrahmen der Testperson angepasst ist und 3 Trainingseinheiten pro Woche umfasst. Diese Anzahl der Einheiten sollte gerade für die Testperson schon zu einer deutlichen Verbesserung der Beweglichkeit führen (Rancour, Holmes & Cipriani, 2009). In der Trainingseinheit wird mit 3 Serien geplant, da dies völlig ausreichend ist.

Die Dehndauer beim statischen Dehnen beträgt ca. 45 Sekunden. In dieser Zeit wird die Dehnposition gehalten. Beim dynamischen Dehnen werden 15 Wiederholungen der ausgeführten Dehnübung durchgeführt, da die Dehnintensität an der Dehngrenze liegt und nicht im maximalen Bereich. Nach Glück (2005) würden auch 10 Wiederholungen reichen, diese jedoch mit maximaler Intensität. Das postisometrische Dehnen wird mit einer 6-10 sekündlichen isometrischen Kontraktion der beteiligten Muskelgruppen begonnen. Im Anschluss daran folgen 2-3 Sekunden vollkommende Entspannung, um dann 10-20 Sekunden lang statisch zu dehnen. Dieser Wechsel wird über 60 Sekunden lang durchgeführt (Hohmann, Lames & Letzelter, 2002, S. 100; Sölveborn, 1983, S. 13).

Der Wechsel der Dehnmethoden zwischen statischer und dynamischer Dehnung resultiert aus der Übungsauswahl. Bei einem subjektiv höheren Schwierigkeitsgrad der Übungen wie z.b. bei den Dehnübungen für die Brust-, Hüftbeuge- und vordere Oberschenkelmuskulatur wurde das statische Dehnen ausgewählt, um den Fokus auf eine optimale Bewegungsausführung zu legen. Bei Dehnungen mit einem geringeren Schwierigkeitsgrad wie z.b. Nacken- oder Gesäßmuskulatur steht die dynamische Dehnmethode im Vordergrund. Diese oben genannte Erklärung bezgl. der Schwierigkeit und der Bewegungsausführung gilt auch im Zusammenhang mit dem aktiven und passiven Dehnen. Eine Handlungsempfehlung, welche Dehnmethode für jede individuell Zielsetzung am besten ist, gibt es nicht (Olivier et al., 2008, S. 247).

Vor allem bei der Beweglichkeitstestung des M. pectoralis major und des M. iliopsoas zeigte sich eine stark eingeschränkte Beweglichkeit. Bezogen auf die Nackenverspannungen und Rückenschmerzen der Testperson, ist die sitzende Tätigkeit und die damit verbundene Fehlhaltung der Brustwirbelsäule ein Grund für die eingeschränkte Mobilität der Brustmuskulatur. Die auftretenden gesundheitlichen Probleme werden aufgrund muskulärer Dysbalancen und Muskelverspannungen verstärkt (Eifler, 2020, S.33). Durch gezieltes Beweglichkeitstraining kann hierbei eine signifikante Verbesserung herbeigeführt werden (Ilgner, 2015). Aufgrund dessen liegt auch der Schwerpunkt des Dehnprogramms auf der Verbesserung der Beweglichkeit der Nackenmuskulatur, der Brustmuskulatur und der Rumpfmuskulatur.

Auch bei der Testung des M. iliopsoas zeigten sich erhebliche Beweglichkeitsdefizite. Diese können u.a. ein Anzeichen für die anhaltenden Rückenbeschwerden im Lendenwirbelbereich sein. Durch Verspannungen im Bereich des M. iliopsoas und dadurch entstehende muskuläre Dysbalancen können diese Schmerzen auftreten (Mosetter & Mosetter, 2015). Die Dehnübungen für die Hüftmuskulatur wurden aufgrund der Ergebnisse und der festgesetzten Zielsetzungen ausgewählt. Sowohl bei der Dehnung der Hüftbeugemuskulatur, als auch der Gesäßmuskulatur und der Adduktoren spielen die Muskelgruppen der Hüfte eine Rolle, wenn auch teilweise untergeordnet.

Die weiteren Dehnübungen des Trainingsplans dienen der ganzkörperlichen Verbesserung der Beweglichkeit der Testperson. Um einen langfristigen Dehneffekt zu erkennen, ist ein regelmäßiges Training unabdingbar und sollte die meisten Muskelgruppen miteinbeziehen. Nach Schönthaler & Ohlendorf (2002, S. 29) führt diese Regelmäßigkeit, unabhängig von der Dehnmethode, zu einer Förderung der Beweglichkeit und der damit verbundenen gesundheitlichen Verbesserungen, was die Trainingsmotive der Testperson darstellen.

4   Trainingsplanung Koordinationstraining

Tabelle 9: Belastungsgefüge Koordinationstraining

Trainingshäufigkeit pro Woche	3x pro Woche
Sätze pro Übung	3 Sätze
Satzpausen	30 Sekunden
Belastungsdauer	30 Sekunden

Tabelle 10: Übungen Koordinationstraining

Nr.	Übungen	Ausführung
1	Kurzer Fuß nach Janda (zweibeinig)	Bei dieser Übung wird ein schulterbreiter und stabiler Stand mit leicht gebeugten Knien auf einem festen Untergrund eingenommen. Das Gewicht wird auf die Ferse verlagert und eine aufrechte Position der Wirbelsäule eingenommen. Die Zehen werden nun leicht gespreizt und das Fußgewölbe hochgezogen.
2	Einbeinstand	Beim Einbeinstand begibt man sich zuerst in die Ausgangslage wie bei der ersten Übung. Danach wird ein Bein leicht angehoben, das Gewicht wiederum auf die Ferse verlagert, um auszubalancieren.
3	Einbeinstand + Ball	Die dritte Übung wird nun mit einem Ball erweitert, den die Testperson um die Hüfte kreisen lässt. Wichtig sind die vorherigen Merkmale nicht außer Acht zu lassen.

4	Zweibeinstand mit geschlossenen Augen	Der Zweibeinstand mit geschlossenen Augen charakterisiert sich dadurch, dass die stabile Position (siehe Übung 1) eingenommen wird und die Augen dabei geschlossen werden.
5	Einbeinstand mit geschlossenen Augen	Um die Schwierigkeit zu erhöhen geht man zunächst in die Position des Einbeinstand, um danach die Augen zu schließen.
6	Einbeinstand mit geschlossenen Augen + Ball	Im nächsten Schritt kommt der Ball wieder mit dazu (siehe Übung 3). Dieser wird nun aber mit geschlossenen Augen um die Hüfte kreisen gelassen.
7	Zweibeinstand auf einem Balance Pad	Im vorletzten 3er Block der methodisch-didaktischen Prinzipien wird der Zweibeinstand eingenommen, jedoch auf einem „wackligeren" Untergrund mit dem Balance Pad.
8	Einbeinstand auf einem Balance Pad	Dies wird bei der Übung 8 durch den Einbeinstand nochmal erschwert.
9	Einbeinstand auf einem Balance Pad + Ball	Abschließend wird der Ball wieder als Hilfsmittel hinzugenommen.
10	Zweibeinstand auf einem Balance Pad mit geschlossenen Augen	Im letzten Block der Übungsreihe werden die Augen im Zweibeinstand geschlossen, das Balance Pad als Untergrund bleibt erhalten.
11	Einbeinstand auf einem Balance Pad mit geschlossenen Augen	In der Erweiterung kommt es nun im Einbeinstand zur Ausführung auf dem Balance Pad.
12	Einbeinstand auf einem Balance Pad mit geschlossenen Augen + Ball	Zum Abschluss der methodischen Übungsreihe des Koordinationstrainings wird der Ball im Einbeinstand auf dem Balance Pad mit geschlossenen Augen dazu genommen.

4.1 Begründung des Koordinationstrainingsplans

Die Belastungsparameter des Koordinationstrainingsplans sind an den zeitlichen Verfügungsrahmen der Testperson angepasst. Diese hat wenig bis gar keine Erfahrung mit dem Koordinationstraining, sodass auch die Belastungsdauer und Satzpausen dosiert ausgewählt wurden. An drei Trainingseinheiten mit jeweils 3 Sätzen pro Übung und geringerem Umfang und Intensität wird die Häufigkeit in den Vordergrund gestellt (Eifler, 2020, S. 184).

Die koordinativen Fähigkeiten sind wesentlicher Bestandteil für das alltägliche Leben und hierbei kristallisiert sich vor allem auch die Gleichgewichtsfähigkeit heraus, welche besagt, dass der gesamte Körper im Gleichgewicht gehalten wird oder auch etwaige Bewegungen auszubalancieren und wiederherzustellen hat (Meinel & Schnabel, 2007, S. 225). Vor dem Beginn des Trainings sollte ein leichtes Aufwärmen Bestandteil der Trainingsplanung sein, damit das Herz-Kreislauf-System in Schwung kommt und der Bewegungsapparat auf Temperatur gebracht wird.

Bezüglich der ausgewählten Reihenfolge der Übungen ist zu sagen, dass diese anhand der allgemeinen Personendaten und der methodischen Übungsreihe so gewählt wurden, dass es zunächst vom Leichten zum Schweren, vom Einfachen zum Komplexen und vom Statischen zum Dynamischen geht (Chwillkowski, 2006, S. 56-58). Die Komplexität wurde zunächst langsam gesteigert, da die Testperson ein Beginner im Koordinationstraining ist und die Motivation hierbei auch immer eine Rolle spielen sollte. Durch die verschiedenen Hilfsmittel, die komplexeren Aufgaben und die damit verbundene Abwechslung, kommt es zu einer erhöhten Motivation und Lernbereitschaft (Gimbel, 2014, S. 133).

Abschließend lässt sich sagen, dass es durch ein regelmäßiges Koordinationstraining, welches 3 mal wöchentlich durchgeführt wird, zur Verbesserung der Gesundheit und der Selbstwahrnehmung und damit steigendem Selbstbewusstsein kommen kann (Schulz, Meyer & Langguth, 2011, S.59).

5   Literaturrecherche

Effekte des Dehnens im Hinblick auf eine Verletzungsprophylaxe

Tabelle 11: Studie 1

Titel	A randomized trial of preexercise stretching for prevention of lower-limb injury
Autoren	R. P. Pope, R. D. Herbert, J. D. Kirwan, B. J. Graham
Jahr der Veröffentlichung	Februar 2000
Forschungsfrage	Welche Auswirkungen hat das Dehnen während des Aufwärmens auf mögliche körperliche Verletzungen der unteren Extremitäten?
Versuchspersonen	1538 männliche Rekruten der Armee wurden zufällig der Dehn- und Kontrollgruppe zugeordnet.
Versuchsaufbau	Über 12 Wochen führten beide Gruppen vor den Trainingseinheiten aktive Aufwärmübungen durch. Die Dehnungsgruppe absolvierte beim Aufwärmen ein zusätzliches 20 Sekunden andauerndes statisches Dehnen der Hauptbeinmuskulatur durch. Dagegen ließ die Kontrollgruppe diesen Zusatz weg.
Ergebnisse	Während des Trainingszeitraums wurden 333 Verletzungen der unteren Extremitäten registriert, darunter 214 Weichteilverletzungen. Es gab 158 Verletzungen in der Dehnungs-Gruppe und 175 in der Kontrollgruppe. Es gab keinen signifikanten Effekt der Dehnung vor dem Training auf das Risiko aller Verletzungen (Hazard Ratio [HR] = 0,95, 95% CI 0,77-1,18), auf das Risiko von Weichteilverletzungen (HR = 0,83, 95% CI 0,63-1,09) oder auf das Knochenverletzungsrisiko (HR = 1,22, 95% CI 0,86-1,76).

Schlussfolgerungen	Das Muskeldehnungsprogramm, das während des Aufwärmens vor dem Training durchgeführt wird, führt bei Rekruten der Armee nicht zu einer bedeutsamen Verringerung des Risikos von Verletzungen. Der allgemeine Fitnesszustand kann jedoch ein wichtiger, veränderbarer Risikofaktor sein. Diese Studie zeigt, dass das Dehnen nicht unbedingt zur Verbesserung der Verletzungsprophylaxe dient.

Tabelle 12: Studie 2

Titel	Increasing hamstring flexibility decreases lower extremity overuse injuries in military basic trainees
Autoren	D. E. Hartig, J. M. Henderson
Jahr der Veröffentlichung	März/April 1999
Forschungsfrage	Wie wirkt sich eine größere Beweglichkeit der hinteren Oberschenkelmuskulatur auf das Verletzungsrisiko der unteren Extremitäten aus?
Versuchspersonen	Es gab insgesamt 398 Testpersonen, die in 2 Gruppen aufgeteilt wurden: Kontrollgruppe (148 Testpersonen) und Dehnungsgruppe (150 Testpersonen). Die Testpersonen sind Militärauszubildende, die ihre Grundausbildung absolvieren.
Versuchsaufbau	Zu Beginn wurde bei beiden Gruppen die Beweglichkeit der hinteren Oberschenkelmuskulatur überprüft. Diese Testung wurde nach der 13- wöchigen Grundausbildung noch einmal durchgeführt. Die Kontrollgruppe absolvierte eine normale Grundausbildung. Die Dehnungsgruppe führte zu der normalen Grundausbildung noch 3 weitere Dehnungsprogramme für die hintere Oberschenkelmuskulatur durch. Alle folgenden Verletzungen durch Überbeanspruchung der unteren Extremitäten wurden durch die Truppenklinik aufgezeichnet.

Ergebnisse	Die Beweglichkeit der hinteren Oberschenkelmuskulatur nahm in der Dehnungsgruppe im Vergleich zur Kontrollgruppe signifikant zu. Die Anzahl der Verletzungen war in der Dehnungsgruppe ebenfalls signifikant niedriger. 43 Verletzungen traten in der Kontrollgruppe bei einer Inzidenzrate von 29,1% auf, verglichen mit 25 Verletzungen in der Dehnungsgruppe bei einer Inzidenzrate von 16,7%.
Schlussfolgerungen	Die Anzahl der Verletzungen durch Überbeanspruchung der unteren Extremitäten bei den Militärauszubildenden mit erhöhter Beweglichkeit der hinteren Oberschenkelmuskulatur (Dehnungsgruppe) war deutlich niedriger. Die Studie zeigt, dass die Verletzungsprophylaxe durch ein regelmäßiges Dehnen deutlich verbessert werden kann.

6 Literaturverzeichnis

Chwilkowski, C. (2006). *Medizinisches Koordinationstraining – Verbesserung der Haltungs- und Bewegungskoordination durch Propriozeption* (2. Aufl.). Köln: Deutscher Trainer Verlag.

Eifler, C. (2020). *Studienbrief Trainingslehre III – Gesundheitsorientiertes Beweglichkeitstraining* (rev.23.036.000). Saarbrücken: Deutsche Hochschule für Prävention und Gesundheit.

Gimbel, B. (2014). *Körpermanagement.* Heidelberg: Springer Verlag.

Glück, S. (2005). *Beeinflussung der Beweglichkeit durch unterschiedliche physische und und physische Einwirkungen.* Dissertation. Universität des Saarlandes, Saarbrücken.

Hartig, D. E. & Henderson, J. M. (1999). Increasing hamstring flexibility decreases lower extremity overuse injuries in military basic trainees. *The American journal of sports medicine, 27* (2), 173-176.

Hohmann, A., Lames, M., & Letzelter, M. (2002). *Einführung in die Trainingswissenschaft* Limpert Sportwissenschaft, 2. Aufl.). Wiebelsheim: Limpert.

Ilgner, T. (2015). *Einfluss eines speziellen Mobilisations- und Krafttraining der Brustwirbelsäule auf allgemeine Rückenbeschwerden bei erwachsenen Personen mit überwiegend sitzender Tätigkeit.* Master Thesis, University of Basel, Facultaty of Medicine. Basel.

Janda, V. (2000). *Manuelle Muskelfunkionsdiagnostik* (4. Aufl.). München: Urban & Fischer.

Meinel, K. & Schnabel, G. (2007). *Bewegungslehre Sportmotorik* (11., überarbeitete und erweiterte Aufl.). Aachen: Meyer & Meyer.

Mosetter, K. & Mosetter, R. (2015). *Wie der Rücken die Seele und die Selle den Rücken heilt.* München: Arkana.

Olivier, N., Marschall, F. & Büsch, D. (2008). *Grundlagen der Trainingswissenschaft und -lehre.* Schorndorf: Hofmann.

Pope, R. P., Herbert, R. D., Kirwan, J.D. & Graham B.J. (2000). A randomized trial of preexercise stretching for prevention of lower-limb injury. *Medicine and science in sports and exercise, 32* (2), 271-277.

Rancour, J., Holmes, C. & Cipriani, D. J. (2009). The effects of intermittent stretching-following a 4-week static stretching protocol: a randomized trial. *Journal of strength and conditioning research / National Strength & Conditioning Association, 23* (8), 2217-2222.

Schönthaler, S. R. & Ohlendorf, K. (2002). *Biomechanische und neurophysiologische Veränderungen nach ein- und mehrfach seriellem passiv-statischem Beweglichkeitstraining* (Wissenschaftliche Berichte und Materialien / Bundesinstitut für Sportwissenschaft, 1. Aufl.). Köln: Sport und Buch Strauß.

Schulz, K.-H., Meyer, A. & Langguth, N. (2011). *Körperliche Aktivität und psychische Gesundheit.* Heidelberg: Springer Verlag.

Sölveborn, S.-A. (1983). *Das Buch vom Stretching – Beweglichkeitstraining durch Dehnen und Strecken.* München: Mosaik.